十九世纪
1800年—1900年

全球视角/纵观时间/极简通史

无处不在的历史

[英]亚历克斯·伍尔夫 著
[巴西]维克托·博伊伦 绘
余蕾 译

著作权合同登记号：图字 18-2020-030

PARALLEL HISTORY SERIES: THE NINETEENTH-CENTURY WORLD
Written by Alex Woolf
Artwork by Victor Beuren
First published in Great Britain in 2017 by The Watts Publishing Group
An imprint of Hachette Children's Group
Part of The Watts Publishing Group
Carmelite House
50 Victoria Embankment
London EC4Y 0DZ
Copyright ©The Watts Publishing Group,2017
All rights reserved.

This edition first published in China in 2020 by China South Booky Culture Media Co LTD, Beijing
Chinese edition © 2020 China South Booky Culture Media Co., Ltd.

©中南博集天卷文化传媒有限公司。本书版权受法律保护。未经权利人许可，任何人不得以任何方式使用本书包括正文、插图、封面、版式等任何部分内容，违者将受到法律制裁。

图书在版编目（CIP）数据

无处不在的历史．十九世纪：1800年-1900年／
（英）亚历克斯·伍尔夫著；（巴西）维克托·博伊伦绘；
余蕾译．-- 长沙：湖南少年儿童出版社，2020.10（2021.5重印）
ISBN 978-7-5562-5431-6

Ⅰ．①无… Ⅱ．①亚… ②维… ③余… Ⅲ．①世界史
－19世纪－儿童读物 Ⅳ．①K109

中国版本图书馆CIP数据核字（2020）第193901号

WUCHUBUZAI DE LISHI · SHIJIU SHIJI：1800 NIAN—1900 NIAN
无处不在的历史·十九世纪：1800年—1900年
[英]亚历克斯·伍尔夫 著　　[巴西]维克托·博伊伦 绘　　余蕾 译

责任编辑：周 凌　李 炜　　　　策划出品：小博集
策划编辑：何 淼　　　　　　　　特约编辑：张丽霞
营销编辑：付 佳　余孟玲　　　　版权支持：辛 艳　张雪珂
封面设计：马俊嬴　　　　　　　　版式排版：马俊嬴

出 版 人：胡 坚
出　　版：湖南少年儿童出版社
地　　址：湖南省长沙市晚报大道89号　　邮　　编：410016
电　　话：0731-82196340（销售部）　　0731-82194891（总编室）
传　　真：0731-82199308（销售部）　　0731-82196330（综合管理部）
常年法律顾问：湖南崇民律师事务所 柳成柱律师
经　　销：新华书店　　　　　　　　印　　刷：河北彩和坊印刷有限公司
开　　本：787 mm × 1092 mm　1/16　印　　张：2
版　　次：2020年10月第1版　　　　印　　次：2021年5月第2次印刷
书　　号：ISBN 978-7-5562-5431-6　定　　价：150.00元（全6册）

若有质量问题，请致电质量监督电话：010-59096394　　团购电话：010-59320018

目 录

引言 …………………………… 4
革命 …………………………… 6
民族国家的兴起 ……………… 8
工业的发展 …………………… 10
殖民主义 ……………………… 12
探险 …………………………… 14
战争与冲突 …………………… 16
科学与技术 …………………… 18
医药 …………………………… 20
通信与交通 …………………… 22
艺术 …………………………… 24
建筑 …………………………… 26
文学 …………………………… 28
术语索引 ……………………… 30

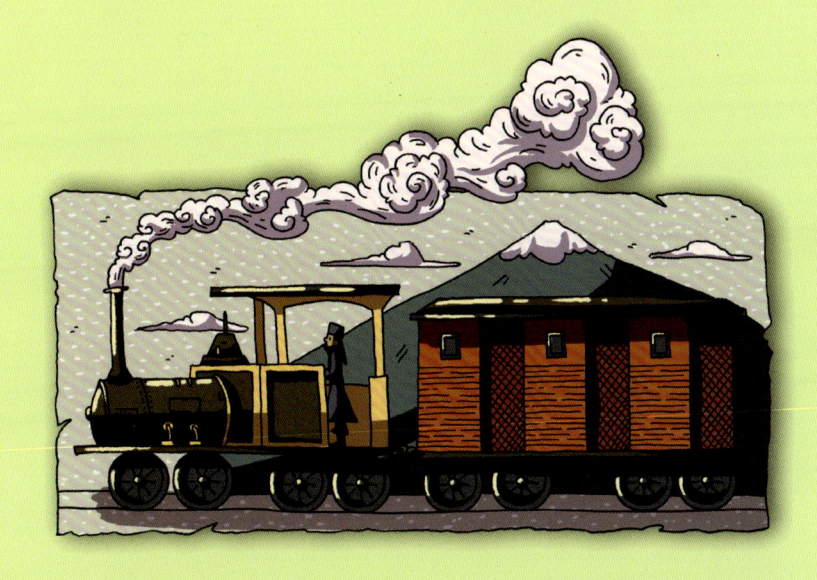

引 言

19世纪是一个社会和政治发生剧变的时代，这个时代见证了君主专制制度的终结和民族主义的兴起。由于帝国统治下的人民纷纷为建立自己的独立的民族国家而战斗，西班牙帝国崩溃了，奥斯曼帝国也持续衰落。与此同时，美国、俄国和日本变得更加强大，大英帝国的国势达到了巅峰——到了19世纪末，大英帝国统治着世界上四分之一的人口。

法国大革命

百年剧变的导火索形成于1789年。由于贫穷和粮食短缺，愤怒的法国人民推翻了他们的国王，成立了新的国民大会，发表了《人权宣言》，并且宣布权力属于人民。革命愈演愈烈，暴力色彩越来越浓，国王和许多贵族纷纷被斩首。最后，随着一位年轻军官拿破仑的崛起，法国大革命结束了。

巴士底狱是可恶的旧政权的象征。1789年7月，起义群众攻占巴士底狱。

科学与工业

在 19 世纪，欧美的科学家和工程师改变了世界。随着电报、电话和无线电的发展，大众传媒时代开始了。铁路缩短了旅行时间，蒸汽驱动的机器催生了工厂，带来了工业革命，永久性地改变了人类的生活和工作方式。

那时候，常常有五六岁的孩子到工厂工作。

1837 年，美国发明家塞缪尔·莫尔斯发明了电报，这是第一台大众传媒设备。

社会变革

工业化进程在世界各地展开，导致社会发生了深远的变化。由实业家、商人和专业人士组成的新精英阶层——"中产阶级"——取代了旧的贵族阶层。数以百万计的农村劳动力移居城镇，到工厂工作。对工厂工人来说，工作条件往往很恶劣，这就带来了社会改革的需求，工会应运而生。

亚洲和太平洋

欧洲列强统治着印度和东南亚的大部分地区，同时对中国施加的影响也越来越大。英国在澳大利亚和新西兰建起了新的殖民地。随着中国的衰落，一个新的强国在东亚崛起：日本。

英国与清朝政府进行了两场战争，迫使中国开放贸易。

革命

民族主义高涨导致世界各地的起义和革命风起云涌,其中许多都是因为受到了美国革命和法国大革命的激励,以及自由、民主、宪政的启蒙思想的启发。有些革命失败了,但有些革命促成了新的独立民族国家的成立。

1848 年 3 月,柏林爆发三月革命。

海地革命爆发,奴隶起义军英勇对抗法国殖民者的军队。

欧洲

1830 年,法国七月革命推翻了国王查理十世。这场革命激起了意大利和德国的民族主义起义,但他们后来遭到了镇压。1848 年,暴风骤雨般的欧洲革命爆发了,法国成了共和国,民族主义者短暂地推翻了奥地利帝国在中欧部分地区的统治。民族主义者最重要的成果是,意大利和德意志出现了统一民族国家的雏形。

海地

在法属圣多明各殖民地,也就是海地,奴隶们揭竿而起,推翻了奴隶主,建立了主权国家海地。海地革命是奴隶起义成功的唯一例子,它建立起一个非白人统治的、没有奴隶制的社会,给新大陆上的蓄奴殖民地带来了巨大的冲击。

| 1791 年—1804 年 | 海地革命 | 阿根廷宣布独立 | 1816 年 |

1825 年 — 上秘鲁宣布独立,取国名为玻利维亚,以纪念西蒙·玻利瓦尔

巴拉圭宣布独立 | 1811 年

1828 年 乌拉圭获得独立

欧洲革命遭到镇压,但缔造了独立的比利时 | 1830 年—1831 年

中美洲

1810 年，由米格尔·伊达尔戈领导的墨西哥独立战争爆发。伊达尔戈于 1811 年被处决，军事指挥官阿古斯丁·伊图尔维德接任领导权。到 1822 年，他已经把西班牙保皇派赶出了墨西哥。在这一时期，中美洲其他殖民地也宣布独立。

1822 年，阿古斯丁·伊图尔维德称帝，建立了墨西哥帝国。

南美洲

西蒙·玻利瓦尔领导了南美洲北部殖民地的解放斗争，若泽·德·圣马丁则领导了南部的解放斗争。1822 年，巴西成为一个独立国家。到 1826 年，南美洲和中美洲的大部分地区都获得独立。

1822 年，西蒙·玻利瓦尔与若泽·德·圣马丁在厄瓜多尔会面。

1848 年 法国国王路易·菲利普退位，路易·波拿巴当选为法国总统。同年，匈牙利、克罗地亚和捷克的土地上爆发了革命

1852 年 路易·波拿巴称帝并镇压不同政见者
奥地利哈布斯堡王朝镇压了民族主义者的起义

意大利统一 **1859 年—1870 年** **1865 年—1871 年** 德国统一

民族国家的兴起

法国大革命中诞生了新的思想，并迅速在欧洲和美洲传播开来。人们纷纷要求建立一个更平等的社会，他们希望政府能保障他们的公民权。最重要的是，人们希望生活在一个拥有相同的语言和文化并且独立的国家，换句话说，就是民族国家。这种日益增长的民族主义情绪导致世界许多地方都开始要求政治独立。

在 1814 年至 1815 年的维也纳会议上，几个大国重新分割欧洲的领土。

在希腊独立战争中，民族主义者使用手枪、步枪和刀剑等武器与敌人作战。

欧洲

拿破仑通过长年的征服战争，暂时把欧洲大部分地区统一在法兰西帝国的名下。拿破仑兵败后，欧洲几个大国，如奥地利、普鲁士、俄国和英国，无视小国想要独立的要求，把拿破仑统治下的各民族重新置于几个欧洲大国的统治之下，这就引发了意大利南部和西班牙的民族主义起义，但这些起义都遭到了残酷镇压。

奥斯曼帝国

奥斯曼帝国的颓势不足以遏制其境内的民族主义斗争。塞尔维亚、摩尔多瓦和瓦拉几亚纷纷起义，奥斯曼帝国不得不给予这些国家部分自治权。1821 年，希腊爆发起义。经过长期的斗争，奥斯曼帝国被迫接受了希腊独立。

1803 年—1815 年　拿破仑征服战争　　　1821 年—1829 年　希腊独立战争

1820 年　西班牙革命

墨西哥独立战争　1810 年—1822 年　　1820 年　意大利南部的民族起义　　1839 年　荷兰承认比利时独立

东印度公司军队里的印度士兵发起了"印度兵变"。

印度

英国东印度公司逐步扩大对印度的控制,该公司取缔当地风俗习惯和强迫当地人改信基督教的政策,使许多印度人深感不满。1857年,印度士兵爆发起义。"印度兵变"虽然失败,但是唤起了许多印度人心中想要独立的愿望,他们成立了印度国民大会,为独立事业而奋斗。

拉丁美洲

到19世纪初,美洲殖民地的克里奥尔人,即有西班牙血统的人,对西班牙当局越来越不满。西班牙不断增税,不准克里奥尔人担任政府的工作,还剥夺他们的贸易权,克里奥尔人于是想要从西班牙独立出来。1808年,拿破仑废黜西班牙国王,并将其兄扶上西班牙王位,拉丁美洲随之爆发了独立战争。

一位名叫米格尔·伊达尔戈的神父领导了墨西哥独立战争。

1885年 印度国民大会成立
1857年 "印度兵变"
1878年 黑山和塞尔维亚脱离奥斯曼帝国,赢得独立
1877年 罗马尼亚宣布脱离奥斯曼帝国独立

1850年　1860年　1870年　1880年　1890年　1900年

工业的发展

在 18 世纪,大多数商品都是在家里或小作坊里手工生产出来的,商人将棉花或羊毛等原材料交给手工业者,然后收回成品。随着蒸汽机的发明,工人、原材料和机器都集中到了工厂里。商品生产分解成一项项的小任务,每项由专人完成,这样生产效率就提高了,工业革命也就开始了。

英国

工业革命始于 18 世纪后半叶的英国。英国有巨大的煤炭储备作为燃料来驱动机器,也有丰富的铁矿石来制造机器零件、桥梁、船只和火车,还可以从它众多的殖民地获取原材料,并在那些殖民地上销售产品。因此,英国被称为"世界工厂"。

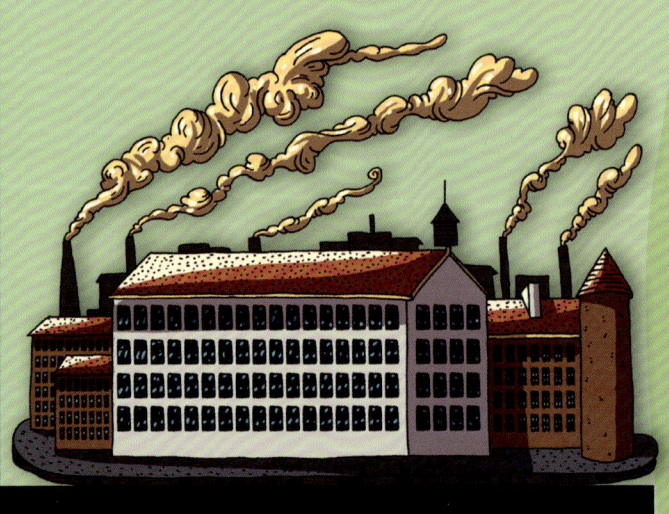

蒸汽火车使货物和原材料的运输更加快捷。

欧洲大陆

19 世纪 30 年代,比利时成为第二个工业化国家,根特、列日和韦尔维耶等城市成为主要的纺织业中心,德国各州紧随其后。从 19 世纪中期开始,欧洲国家开始减少进口税,开创了自由贸易的新时代。

工业革命始于英国北部的纺织厂。

英国的煤炭、金属制品和纺织品的产量相当于欧洲其他地方产量的总和	1815 年
世界上第一条铁路在英国开通	1825 年
德意志煤炭产量倍增	1830 年—1850 年
德意志开通第一条铁路	1835 年
英国降低对玉米的进口税,促进了贸易增长	1846 年

北美洲

19 世纪中后期，第二次工业革命开始了，这一次工业革命是由美国和德国主导的。钢铁和电力的发展提高了生产效率，机械化也延伸到了食品、服装和运输行业。美国进入所谓的"镀金时代"，劳动力短缺导致工资上涨，吸引大量移民的涌入。

欧洲移民大量涌入，填补职位空缺，一些像纽约这样的美国城市经历了人口暴增。

日本

1868 年，日本发生了明治维新，瓦解了由幕府将军（军事指挥官）和大名（贵族封建领主）主导的传统政治体系。新的统治者是来自倒幕派如萨摩藩和长州藩的政治家，他们掌握实权，明治天皇只是名义上的统治者。从此，日本开始了大规模的工业化进程，从西方进口蒸汽机、棉纺织机和钢铁。到 19 世纪 90 年代，日本已跻身工业大国行列。

从 1872 年到 1894 年，日本铁路在短短的 22 年内从 29 公里猛增至 3402 公里。

1856 年　英国人亨利·贝塞麦率先利用铁矿石锻造出钢

1860 年—1880 年　美国铁路规模增长了两倍，开辟出新的农牧区

日本在引进西方技术后成为工业强国　19 世纪 90 年代

1850 年　1860 年　1870 年　1880 年　1890 年　1900 年

殖民主义

工业革命在 19 世纪引发了新一波的殖民主义浪潮。为了寻找新的商品市场、廉价的原材料和能够安置本国人口的土地，欧洲列强在印度、东南亚、澳大利亚、新西兰和非洲等地进一步开拓殖民地。

印度

英属东印度公司并不打算征服印度，圈占领地只是为了保护公司的利益。到了 1856 年，整个印度次大陆都处于东印度公司或是忠于英王的地方管理者的统治之下。在"印度兵变"之后，英国政府开始直接统治印度，进入"英属印度时期"。在这一时期，印度建成了铁路和电报网，设立了大学。

成千上万的印度人成为大英帝国的士兵。

19 世纪 60 年代，法国人在越南的西贡（今胡志明市）建立总督府。

东南亚

从 1870 年起，西方国家对东南亚的干预变本加厉，到了 1900 年，几乎整个东南亚地区都已被殖民，只剩暹罗（现在的泰国）最后一个独立国家。英国控制了马六甲海峡、马来半岛、北婆罗洲和缅甸。为了保住在苏门答腊和爪哇的殖民地，荷兰人不得不与当地的起义者进行斗争。新几内亚由德、荷、英共同殖民，而美国在 1898 年接管了菲律宾。

1814 年 英国吞并了开普殖民地，赶走了白人殖民者（荷兰人），正是这些人建立了奥兰治自由邦和德兰士瓦共和国

1819 年 英国占据新加坡　　印度学校推行英语教学 **1835 年**

法国征服阿尔及利亚北部 **1830 年**

非洲

在 19 世纪的大部分时间里，欧洲殖民地仅仅散布在非洲海岸线上。从 1880 年起，欧洲列强开始了对非洲的争夺，到 1914 年，几乎整片非洲大陆都已沦为英国、法国、比利时、葡萄牙和德国等欧洲列强的殖民地。西方列强优越的军事武器和军事训练促成了这一结果，另一方面，许多非洲统治者为了击败他们的宿敌，也乐于为欧洲殖民者助力。

报纸上的漫画，讽刺欧洲统治者们就像切蛋糕一样瓜分了非洲。

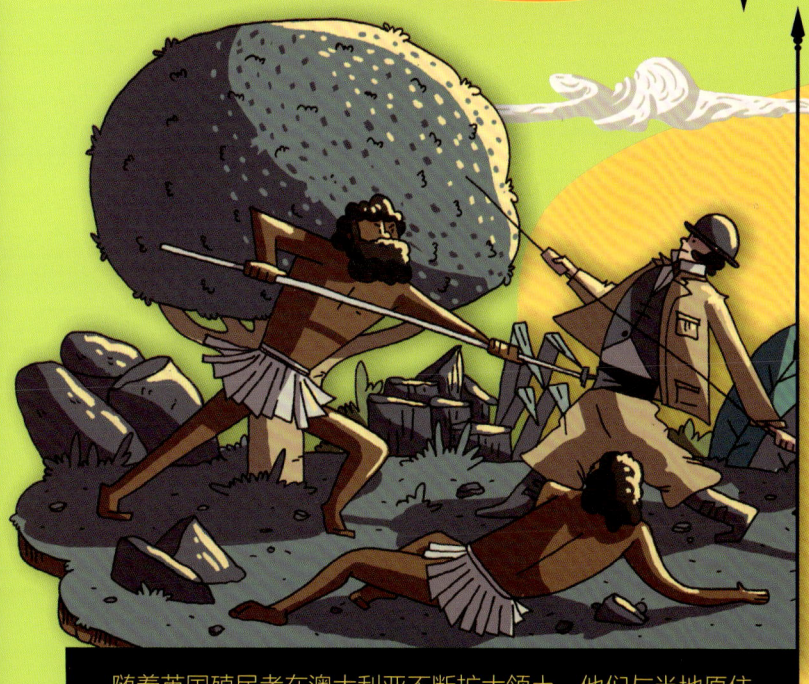

随着英国殖民者在澳大利亚不断扩大领土，他们与当地原住民的冲突也随之而来。

澳大利亚

欧洲人在 17 世纪发现了澳大利亚。1788 年，英国人在杰克逊港（现在的悉尼）建立流放地，并开始往那里运送罪犯。从 19 世纪 30 年代开始，自由移民也来到了这里。金矿的发现改变了这个殖民地。人口从 1850 年的 40.5 万增加到了 1900 年的 400 万。

1851 年　澳大利亚发现金矿

1876 年　英国君主维多利亚女王，加封"印度女皇"的称号

1858 年　法国占据越南的岘港

柏林会议：来自 15 个欧洲国家的代表参与会议，解决非洲的争端　1884 年—1885 年

1850 年　　1860 年　　1870 年　　1880 年　　1890 年　　1900 年

探险

在 19 世纪，欧洲人对北美、非洲和澳大利亚广大的内陆地区进行了勘探和测绘。他们的动机各不相同，一些人是为了获得放牧和居住的土地，另一些则是出于科学兴趣、宗教热情或者单纯的冒险精神。

美国

1783 年，美国还只是一个坐落在北美洲东海岸的小国，然而到 19 世纪，美国开始向西扩张，从法国、西班牙和墨西哥手中获取了大片土地。在去新土地定居之前，必须对其进行勘探和测绘。梅里韦瑟·刘易斯和威廉·克拉克率先进行了开发西部的探险活动，开辟了一条通往太平洋海岸的路线，开创了一个探险时代。19 世纪中期，移民开始大批涌入密西西比河以西的大平原，并在那里定居。

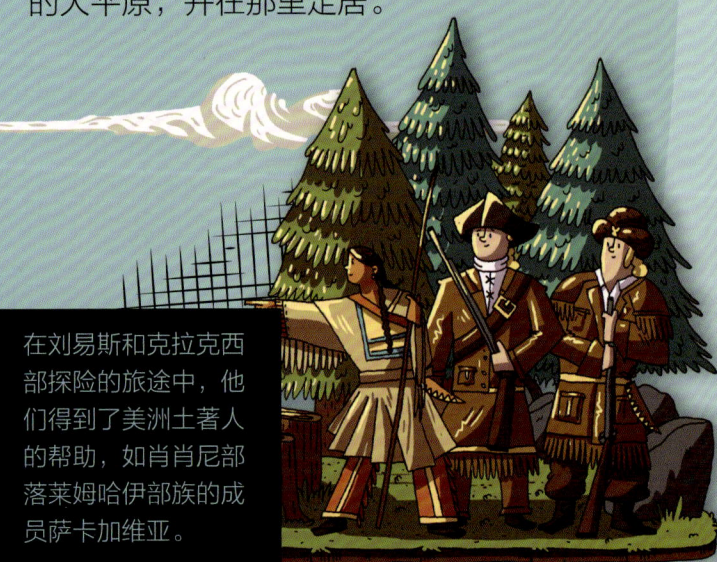

亚历山大·马更些成为第一个从东到西横穿北美的欧洲人。

加拿大

19 世纪初，各家公司为争夺加拿大毛皮贸易的控制权而彼此竞争。贸易商们想要找到新的商路和新的供应商，为加拿大西部地区的探索开发提供了动力。亚历山大·马更些、西蒙·弗雷泽和大卫·汤普森探索的足迹远至太平洋和北冰洋沿岸，绘制了加拿大西部地区的地图。

在刘易斯和克拉克西部探险的旅途中，他们得到了美洲土著人的帮助，如肖肖尼部落莱姆哈伊部族的成员萨卡加维亚。

1804 年—1806 年	美国探险家刘易斯和克拉克穿越了北美洲的西部地区
1804 年—1807 年	美国泽布伦·派克探索科罗拉多地区和新墨西哥地区
1808 年	美国人西蒙·弗雷泽探查了加拿大的一条河，并将它命名为弗雷泽河
1827 年—1828 年	勒内·卡耶探索非洲西部
1843 年	拓荒者们从密苏里出发，向西沿着"俄勒冈小道"去往太平洋沿岸

1800 年　　1810 年　　1820 年　　1830 年　　1840 年

非洲

从 19 世纪 20 年代起，欧洲探险家开始进入非洲内陆。法国人勒内·卡耶可能是到访廷巴克图（今称通布图）的第一个欧洲人。苏格兰探险家大卫·利文斯通穿越了非洲的中部和南部，他的发现激励欧洲人去寻找尼罗河、刚果河、赞比西河和尼日尔河的源头。在欧洲各国争夺非洲殖民地期间，绘制非洲内陆地图有助于界定殖民地的边界。

勒内·卡耶身着阿拉伯服饰探索西非。

澳大利亚

在 1802 年至 1803 年间，航海家马修·弗林德斯环绕澳大利亚进行探险，成为完成环澳航行的第一人。恶劣的自然环境使内陆探险的挑战性更大。罗伯特·奥哈拉·伯克和威廉·约翰·威尔斯是率先跨越澳洲大陆的人，他们在 1860 年至 1861 年间，从南到北穿行了整个大陆。19 世纪 70 年代的探险活动，为将澳大利亚西部的部分地区开拓成牧场提供了帮助。

伯克和威尔斯在穿越澳大利亚的回程中去世。

1860 年　苏格兰探险家约翰·斯图尔特找到了澳大利亚的地理中心

1851 年—1871 年　大卫·利文斯通探索非洲

战争与冲突

工业化和技术改变了 19 世纪的战争：铁路能够迅速调动大批部队，电报能够进行远程通信，改良过的枪炮比以往任何时候都射得更远、更准，海军开始使用铁甲军舰，甚至还有了早期的潜艇。

诗作《轻骑兵冲锋》记录了克里米亚战争中英国骑兵的一场注定失败的冲锋。

1805 年 12 月的奥斯特利茨战役，被认为是拿破仑最伟大的胜利之一。

欧洲

从 1803 年到 1815 年，欧洲几乎一直处于战争之中。当时，拿破仑统治下的法兰西帝国与以英国为首的欧洲列强为争夺欧洲大陆的控制权而战。拿破仑是一位杰出的军事战略家，常能以出色的调兵速度和正确的进攻时机智取敌人。

克里米亚

克里米亚战争是俄国与奥斯曼帝国、英国、法国结成的联盟之间的战争，因为最重要的战役在克里米亚半岛上爆发，因而称为"克里米亚战争"。这次战争是历史上第一次壕沟战，新兴的远程炮、来复枪、铁甲船、水雷和电报也被用于战争，这是一次机械化战争，造成的伤亡人数巨大。

1804 年—1810 年 在西非的富拉尼战争中，奥斯曼·登·福迪奥率领的富拉尼军队击败了豪萨诸城邦

1806 年 10 月 耶拿战役：拿破仑击败普鲁士军队

1815 年 滑铁卢战役：拿破仑遭遇最终失败

拿破仑入侵俄国带来灾难性结果 **1812 年**

布尔人（非洲南部的荷兰移民）在伊塔莱尼和"血河之战"中击败了祖鲁人 **1838 年**

美国

美国南部各州因为想要维持奴隶制而企图脱离美国,由此爆发了美国内战。在 4 年内,南部同盟与北部的联邦政府之间展开了一系列血腥战争。1865 年 4 月,南部同盟投降。北部的胜利维护了美国统一,结束了奴隶制,但这是以 60 多万人的生命作为代价才换来的。

美国内战中,对峙的北部联邦军队和南部同盟军队。

东亚

1894 年,日本发动了侵略中国战争,史称"甲午战争"。日本军队在一系列陆海战争中都取得了胜利,1895 年 2 月,北洋舰队全军覆没,标志着清政府的失败。这场战争对中国清政府来说是耻辱的一击,也证明了日本当时已经成为东亚的军事霸主。

日军与中国军队交战。

克里米亚战争 | 1853 年—1856 年

1865 年 4 月 9 日 | 美国南北战争结束

1878 年 1 月 13 日 | 土俄战争期间,俄国鱼雷艇发射鱼雷,击沉了土耳其蒸汽船"因蒂巴赫"号,这是第一艘被自航式鱼雷击沉的船只

1861 年 4 月 12 日 | 南部邦联军队发动对查尔斯顿港萨姆特堡的袭击,引发了美国内战

美国内战中的汉普顿锚地之战证明了铁甲船的威力,改变了海战 | 1862 年 3 月

1879 年 | 始于 1779 年的科萨战争以英国人接管非洲南部科萨人的所有土地而告终

1864 年 2 月 | 美国南北战争中,"汉利"号潜艇炸沉了"豪萨托尼克"号战舰,这是第一例成功炸沉敌舰的潜艇袭击

1894 年—1896 年 | 在第二次埃意战争期间,埃塞俄比亚人在阿德瓦战役中击败了意大利人

1850 年　1860 年　1870 年　1880 年　1890 年　1900 年

科学与技术

在19世纪，科学成为一门专业学科，并开始细分领域，比如物理学、化学和生物学等。各个领域在19世纪都取得了重大进展，而来自英国、美国、法国和德国的科学家们的贡献尤其显著——科学家"scientist"这个词是1834年创造的新词。

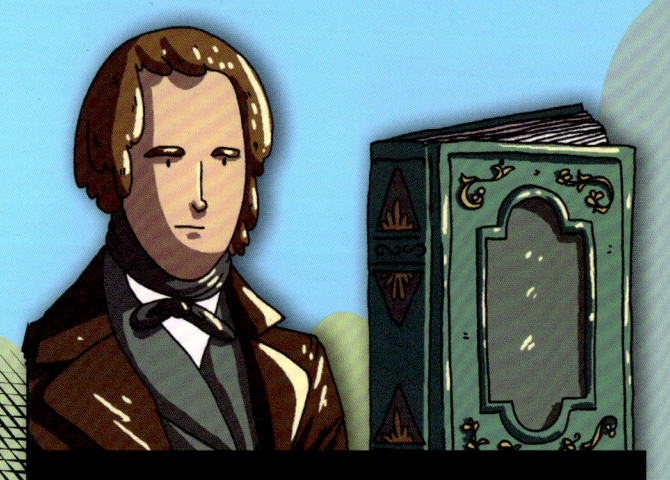

1859年，查尔斯·达尔文在他的《物种起源》一书中发表了他的进化论。

1879年12月31日，爱迪生向人们展示了他的电灯。

英国

约翰·道尔顿提出物质是由微小的、不可再分的原子构成的。迈克尔·法拉第验证了磁可以生电。詹姆斯·克拉克·麦克斯韦证明了电和磁是同一现象不同形式的表现，而光是一种电磁波。查尔斯·达尔文提出了进化论，认为物种是通过"自然选择"这一过程随着时间的推移而进化的。

美国

美国发明家在19世纪取得了无数技术进步。约瑟夫·亨利建造了世界上第一台电动机，出生于苏格兰的亚历山大·格雷厄姆·贝尔发明了电话，托马斯·爱迪生和他的实验室共获得了1000多项发明专利，其中包括电灯和留声机。

1799年 意大利科学家亚历山德罗·伏打发明了第一个化学电池

1801年 意大利天文学家朱塞佩·皮亚齐发现了第一颗小行星——谷神星

1820年 来自丹麦的汉斯·克里斯蒂安·奥斯特发现，导线的电流会导致附近的磁针移动

1831年 英国科学家迈克尔·法拉第发明了发电机

1800年　　　1810年　　　1820年　　　1830年　　　1840年

海因里希·赫兹用这个装置证明电火花可以跳过电路中的间隙。

德国

1827年，弗里德里希·韦勒分离出了铝元素。1838年，天文学家弗里德里希·贝塞尔成为第一个测算出地球到一颗恒星的距离的人。1847年，物理学家赫尔曼·冯·亥姆霍兹明确提出了能量守恒定律，该定律指出，能量永远不会损耗，只是从一种形式转变为另一种形式。在1887年至1888年间，海因里希·赫兹证明了詹姆斯·克拉克·麦克斯韦曾预言过的电磁波的存在。

玛丽·居里夫人因其对放射性物质的研究获得两项诺贝尔奖。

法国

尼塞福尔·尼埃普斯在19世纪20年代开创了摄影事业，路易·勒普兰斯在1888年拍摄了世界上第一部电影。1896年，亨利·贝克勒耳发现了放射性物质。1898年，出生于波兰的玛丽·居里和她的丈夫皮埃尔发现了放射性元素镭。

1865年 奥地利神父格雷戈尔·孟德尔通过豌豆杂交实验发现了遗传规律

1869年 俄国化学家德米特里·门捷列夫根据原子量排列所有已知的化学元素，制定了元素周期表

英国物理学家约瑟夫·约翰·汤姆森发现了电子 1897年

医药

在 19 世纪，疾病诊断技术和治疗技术取得了重大进展，新的医疗设备如听诊器、示波器（用于测量脉搏）和心电图仪（用于测量心脏活动）诞生了。与此同时，公共卫生面临着新的挑战：工业革命吸引了数百万人进城，导致霍乱、天花和伤寒等疾病传播得更快，有些工厂的工人暴露在危险的化学物质中，导致很多工人的皮肤和肺部发生了疾病。

克劳福德·朗创新性地在手术前使用乙醚作为麻醉剂，使外科医生可以尝试以前不可能做的手术。

微生物学家巴斯德发明了一种加热液体以杀死细菌的方法，这种方法今天被称为"巴氏灭菌法"。

美国

美国人率先在外科手术中使用麻醉剂。克劳福德·朗医生最先用乙醚为病人麻醉。医疗技术进步了。1875 年，乔治·格林发明了电动牙钻。1884 年，威廉·厄普约翰发明了易溶性药丸。1894 年，威廉·霍尔斯特德发明了橡胶医用手套，使手术更加安全。

法国

在 1857 年至 1870 年的系列实验中，路易·巴斯德证明了细菌可以引起疾病，另一个法国人亚历山大·耶尔森发现了引起黑死病的病原体。1885 年，巴斯德成功研制出狂犬病疫苗，同年，耶尔森加入巴斯德研究所。1884 年，法国生物学家夏尔·尚贝兰发现了病毒。

美国外科医生威廉·博蒙特通过一位患者腹部的创口来观察胃的活动，进而了解消化系统 —— 1822 年

匈牙利外科医生伊格纳兹·塞麦尔维斯要求医生洗手，从而降低了产科病房的死亡率 —— 1847 年

约瑟夫·利斯特首创消毒法，大大降低了手术的死亡率。

英国

1847 年，詹姆斯·辛普森发现了另一种麻醉剂——氯仿。19 世纪 60 年代，外科医生约瑟夫·利斯特受到巴斯德细菌理论的启发，用苯酚溶液对手术器械和绷带进行消毒。1877 年，帕特里克·曼森发现蚊子可以传播疾病。

德国

1839 年，特奥多尔·施旺研究发现，所有的动植物都是由细胞组成的，细胞是一切生物的基本单位。在施旺的研究基础上，鲁道夫·菲尔绍医生指出，所有疾病都是细胞活动的结果，这个发现某种程度上推翻了原先的体液理论，即疾病是由于血液、黄胆汁、黑胆汁和黏液四种体液的失衡造成的。

特奥多尔·施旺指出，所有的生命都是从一个细胞开始的。

1851 年 赫尔曼·冯·亥姆霍兹发明了检眼镜，这是一种用于观察人眼内部的装置

1853 年 法国外科医生查尔斯·加布里埃尔·普拉瓦和苏格兰医生亚历山大·伍德发明了皮下注射器

1858 年 英国解剖学家亨利·格雷发表了《格氏解剖学》，这是一本极具影响力的人体解剖学教科书，至今仍在印刷

1878 年 德国的卡尔·鲁格从患者体内提取细胞或组织样本以确定疾病的状况或程度，从而发明了活体组织检查法

德国物理学家威廉·伦琴发现了 X 射线，并用它来观察身体内部，诊断疾病 1895 年

通信与交通

19世纪，由于科学家们发明了能够实现高速度、远距离移动和通信的新方式，世界变小了。蒸汽机车和蒸汽船缩短了旅行时间，电报使信息能在几分钟内完成跨洲传送。到19世纪末，诸如电话、收音机和汽车等新发明的出现又将再一次改变世界。

贝尔在马萨诸塞州的波士顿和纽约之间打了第一个双向长途电话。

斯托克顿—达灵顿铁路长40公里。

英国

19世纪初，理查德·特里维西克和乔治·斯蒂芬森等先驱者们发明了蒸汽机车。1825年，斯托克顿—达灵顿铁路开通，这是世界上第一条可供蒸汽火车行驶的公共铁路。1863年，伦敦修建了世界上第一条地下铁路。1890年，伦敦地铁开始用电力牵引。

美国

塞缪尔·莫尔斯发明了电报机，它可以把经过编码的信息利用电沿着电线传送出去。他开发了一套莫尔斯电码，这是一种通过"·"和"—"不同的排列组合方式来代表文本的系统。亚历山大·格雷厄姆·贝尔发现了一种通过电线传送语音的方法，可以将声音转换成电子信号，然后再转换成声音，他在1876年为他的电话申请了专利。

蒸汽船第一次穿越英吉利海峡	1815年
美国物理学家约瑟夫·亨利通过1.6公里长的电线发送电流	1830年
英国邮政开始使用邮票	1840年
塞缪尔·莫尔斯发明了电报机	1837年
苏格兰建造的蒸汽船"天狼星"号，从爱尔兰的科克港行驶到美国的纽约，横越大西洋，耗时仅19天	1838年
英国大兴铁路建设	19世纪40年代

德国

早在 18 世纪就有不少人想要制造动力汽车，但第一辆实用汽车的发明者是德国工程师卡尔·本茨。1885 年，他发明了一辆汽油动力汽车，配备了两冲程活塞发动机。他的妻子贝尔塔在 1888 年驾车进行了第一次长途旅行。她行驶了 106 公里，证明了这种车可供日常使用。到 1900 年，法国和美国开始大规模生产汽车。

"奔驰专利车"，世界上第一款实用汽车。

意大利

无线电领域有许多先驱，例如海因里希·赫兹、奥利弗·洛奇和尼古拉·特斯拉，但将所有这些创新结合起来发明出无线电报，即利用无线电波通过空气传送信息的人是意大利物理学家古列尔莫·马可尼。1895 年，马可尼制造了第一台远程无线电发射器和接收器。4 年后，他发送了一条跨越英吉利海峡的无线电信息。

古列尔莫·马可尼因其对无线电技术的贡献而与德国发明家卡尔·布劳恩共同获得 1909 年的诺贝尔物理学奖。

1866 年 欧洲和北美之间成功铺设了第一条跨大西洋的电报电缆

1875 年 亚历山大·格雷厄姆·贝尔将声音通过电线加以传送

艺术

19世纪的艺术反映了这个时代的风貌，民族主义、怀旧情绪和对真情实感的渴望都在绘画中表现了出来。艺术家不再只为教堂或富有的赞助人进行创作，还面向大众而创作，因此，他们在创作上更加自由，可以大胆尝试新风格。这时候的油画颜料色彩繁多，可以预先调制好，装在颜料管里，方便艺术家随身携带。

法国

19世纪早期主导的艺术流派是浪漫主义，它强调情感，歌颂自然，赞美个人。德拉克鲁瓦和热里科的作品多表现戏剧性场景，富有异国情调。19世纪中叶，库尔贝开创了现实主义，反对理想主义艺术。19世纪60年代，莫奈、雷诺阿和德加等印象派画家致力于捕捉光线和色彩的变幻效果。

"印象主义"一词来源于克劳德·莫奈的一幅绘画作品《日出印象》。

俄国

巡回展览画派的出现最初是为了抗议帝国艺术学院及其对历史题材绘画的偏重，巡回展览画派的画家们描绘俄国现实生活的真实面貌，第一次展览就受到了极大的好评，吸引了成千上万的观众。到了19世纪80年代，这次"抗议运动"的不少画作被沙皇皇室购买。

巡回展览画派从一个城市到另一个城市巡回展出他们的绘画，比如这幅伊万·克拉姆斯柯依的《无名女郎》。

1750年—1850年 新古典主义艺术是对古希腊罗马艺术风格的复兴

1780年—1850年 浪漫主义着力表现人的想象力、个性和情感

1848年 丹蒂·加布里埃尔·罗赛蒂、威廉·霍尔曼·亨特和约翰·埃弗里特·米莱斯等人创立了拉斐尔前派

1820年 美国哈德孙河画派创立，此画派由一群风景画家组成，他们的画作倾向于表现真实的自然景观，注重细节，有时又很浪漫化

丹蒂·加布里埃尔·罗赛蒂的画作以表现身着中世纪服装的浪漫女性形象而闻名。

英国

英国浪漫主义艺术流派的带头人是透纳和康斯太布尔。但是后来透纳的风格发生了变化，他后期狂野而近乎抽象的风景画影响了法国的印象派。另一个重要的流派是拉斐尔前派，这一流派的艺术家们，如米莱斯和罗赛蒂，善以细致入微的绘画手法表现宗教和神话题材。

拉丁美洲

在拉美国家获得独立之后的一段时间里，艺术家们试图创造一种本土传统与欧洲传统相融合的新的艺术风格，这些艺术家被称为风土派。受欧洲浪漫主义风格的影响，普埃伦东、平托和阿列塔等画家致力于描绘色彩浓丽的风景和日常生活场景。

《在杂货店前的停留》，阿根廷艺术家普利迪阿诺·普埃伦东所作。

1848 年—1900 年　现实主义艺术家致力于表现人和事物的本来面貌

后印象派艺术家在探索色彩、线条和形式方面，反对印象派的自然主义　1885 年—1910 年

1870 年　俄国巡回展览画派形成

1865 年—1885 年　印象派画家致力于捕捉自然光线的瞬间效果

建 筑

工业时代需要新型的建筑，比如工厂、火车站、仓库、办公室、银行和百货公司。迅速扩张的城市里需要大量造价低廉的住房来安置工人。铸铁锻造技术和玻璃批量生产技术的进步，使建造巨型建筑成为可能。

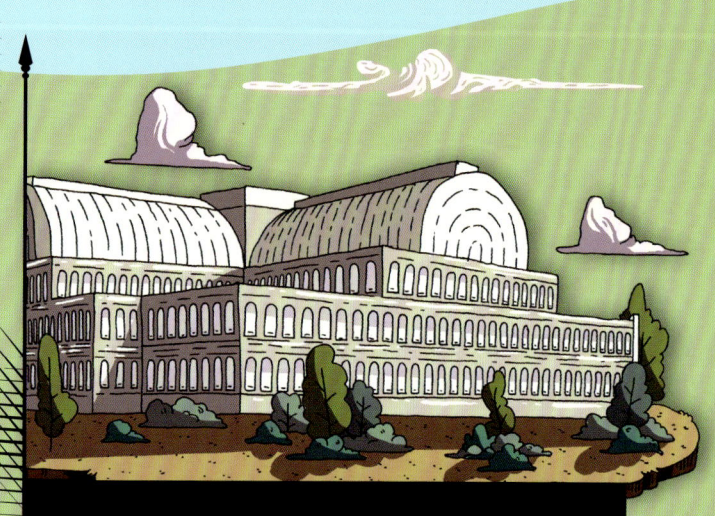

英国

复兴运动在 19 世纪早期占据主导地位。国会大厦于 1836 年重建为中世纪的哥特式风格，而大英博物馆是在"希腊复兴"建筑浪潮中修建而成的，设计灵感来自古希腊神庙。1851 年，为举办伦敦万国工业博览会，修建了水晶宫，这是一座巨大的、未来主义风格的钢铁玻璃结构建筑。

水晶宫由约瑟夫·帕克斯顿设计，长 564 米。

法国

在伦敦水晶宫建造期间，亨利·拉布鲁斯特在巴黎设计了一座宏伟的钢铁玻璃结构的图书馆——圣日内维耶图书馆。在 1862 年至 1875 年间，查尔斯·加尼叶仿效前人的建筑风格，设计建造了著名的巴黎加尼叶歌剧院，这座歌剧院融合了巴洛克和文艺复兴等早期建筑风格。

巴黎加尼叶歌剧院满是精致的墙楣、柱子和雕像。

1800 年 美国国会大厦建成，该建筑为新古典主义风格，设计师是威廉·桑顿

1824 年 位于费城的美国第二银行建成，该建筑为古希腊风格，设计师是威廉·斯特里克兰

美国

在 19 世纪后期，美国人创造了一种全新的建筑：摩天大楼。钢架结构和安全电梯的发展使建造这些高耸、多层建筑成为可能。摩天大楼是由钢架支撑的，墙像窗帘一样砌在钢架上。

芝加哥家庭保险大楼是世界上第一座摩天大楼。它的建筑师威廉·勒巴隆·詹尼在巴黎学习时，和古斯塔夫·埃菲尔是同学。

日本

明治政府邀请西方建筑师到日本做顾问，分享他们的专业知识。英国建筑师乔赛亚·康德帮助设计日本银行（建于 1896 年）时采用了不同的欧洲风格，德国建筑师赫尔曼·恩德和威廉·伯克曼则在西式宏伟的建筑中加入日本传统建筑中的元素，如瓦片、山形屋顶和弯曲的悬挑屋檐。

1899 年，日本劝业银行建成，设计师妻木赖黄是恩德和伯克曼的学生。

1868 年　英国伦敦国会大厦完工

世界上第一座摩天大楼芝加哥家庭保险大楼建成，设计师是威廉·勒巴隆·詹尼　1885 年

1850 年　巴黎的圣日内维耶图书馆落成

文 学

正如这一时期浪漫主义在绘画艺术中的地位，在19世纪早期，浪漫主义文学也在文学中占据主导地位。在这一时期，长篇小说成为一种流行的小说形式。19世纪后半叶，出现了科幻小说、侦探小说等新的小说类型。

1844年，法国作家大仲马的经典小说《三个火枪手》出版。

1887年，英国作家亚瑟·柯南道尔塑造出著名的侦探形象——夏洛克·福尔摩斯。

法国

法国浪漫主义时代伟大的作家们在世界上也享有盛名，如维克多·雨果和亚历山大·仲马（大仲马）。19世纪中叶，作为浪漫主义的对立风格，现实主义出现了。司汤达和巴尔扎克的小说触及了当时的社会问题。从19世纪60年代开始，自然主义作家如德·莫泊桑和左拉的笔下，展示了由不同的出身和环境决定的不同的人物命运。

英国

英国浪漫主义诗人，如华兹华斯、雪莱和济慈，借助诗歌吟诵大自然，反对工业化，他们重视想象力对心灵的疗愈作用。简·奥斯丁的小说以诙谐机智和对社会的观察而闻名。查尔斯·狄更斯的小说虽然因幽默深受欢迎，但其作品的关注点却是城市贫民阶层。勃朗特姐妹以女性的视角，用她们生动而富于激情的小说开辟了小说的新天地。

1802年—1822年 日本作家十返舍一九创作了著名滑稽小说《东海道徒步旅行记》

1813年 简·奥斯丁的《傲慢与偏见》出版

华盛顿·欧文的《睡谷的传说》出版 **1820年**

詹姆斯·费尼莫尔·库珀的《最后一个莫希干人》出版 **1826年**

1818年 玛丽·雪莱的《弗兰肯斯坦》出版

尼古拉·果戈理的《狂人日记》出版 **1835年**

查尔斯·狄更斯的《雾都孤儿》出版 **1838年**

埃德加·爱伦·坡的《厄舍府的倒塌》出版 **1839年**

1833年 亚历山大·普希金的诗体小说《叶普盖尼·奥涅金》出版

1843年 维什努达斯·巴维的《西塔选夫记》上演，这是第一部马拉提语戏剧

1800年　　1810年　　1820年　　1830年　　1840年

《汤姆叔叔的小屋》是一部反对奴隶制的经典小说，作者是美国作家哈里耶特·比彻·斯托（斯托夫人）。

美国

19世纪，一种独特的美国文学风格出现了，主要作家有华盛顿·欧文、詹姆斯·费尼莫尔·库珀和悬疑小说作家埃德加·爱伦·坡。马克·吐温写了一些幽默故事，人物对白带有独特的美国语言风格。1851年，赫尔曼·麦尔维尔发表《白鲸》，这是一部捕鲸历险记，探讨了执念和邪恶本质等主题。

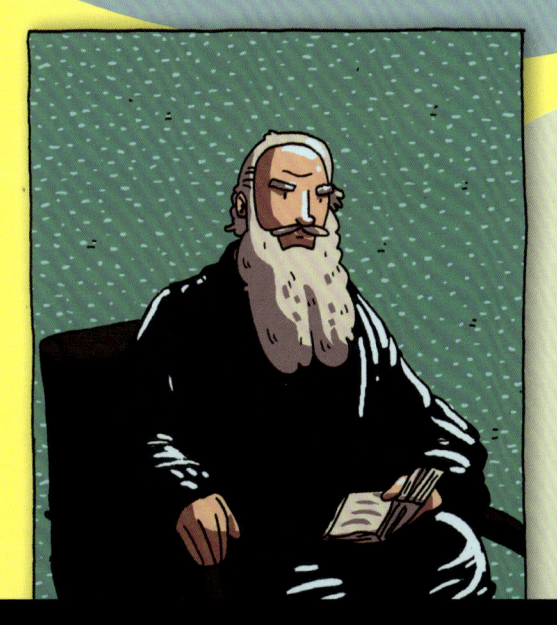

《战争与和平》被认为是有史以来最伟大的小说之一，作者为列夫·托尔斯泰。

俄国

19世纪通常被称为俄国文学的"黄金时期"。最重要的浪漫主义诗人是亚历山大·普希金，他的诗被认为将俄语语言的艺术性提高至一个新的高度。果戈理、托尔斯泰、屠格涅夫和陀思妥耶夫斯基等小说家，创作了世界文学史上的许多名篇。安东·契诃夫是世界上最重要的戏剧和短篇小说作家之一。

1847年 夏洛蒂·勃朗特的《简·爱》出版；艾米莉·勃朗特的《呼啸山庄》出版

1851年 赫尔曼·麦尔维尔的《白鲸》出版

1852年 哈里耶特·比彻·斯托夫人的《汤姆叔叔的小屋》出版

1856年 居斯塔夫·福楼拜的《包法利夫人》出版

1862年 维克多·雨果的《悲惨世界》出版

1862年 伊万·屠格涅夫的《父与子》出版

1869年 列夫·托尔斯泰完成《战争与和平》

1878年 清代著名小说《儿女英雄传》出版，作者文康，自署燕北闲人

1880年 陀思妥耶夫斯基完成《卡拉马佐夫兄弟》

1896年 安东·契诃夫的戏剧《海鸥》出版

1897年 布莱姆·斯托克完成《吸血鬼伯爵德古拉》

1850年　1860年　1870年　1880年　1890年　1900年

术语索引

电报 ················· 5
一种用电信号传递文字、照片、图表等的通信方式。

实业家 ··············· 5
工商企业家，指行业经营者或从事行业管理的人。

中产阶级 ············· 5
指西方社会收入比较丰厚的白领阶层，包括国家机关公务员，工商企业中从事管理、技术工作的中上层人员，以及记者、医生、教师等，也泛指社会上比较富裕的人或阶层。

工会 ················· 5
由一个行业或专业的工人组成的有组织的协会，旨在保护和促进他们的权益。

宪政 ················· 6
通过法律限制政府的权力。

欧洲革命 ············· 6
1848年，为推翻旧的封建统治，建立独立的民族国家，欧洲各国爆发了一系列武装革命，史称"欧洲革命"。这场革命波及范围广，影响国家众多，可以说是欧洲历史上规模最大的革命运动。

保皇派 ··············· 7
支持国家君主制的人。

进口税 ··············· 10
一个国家的海关对进口货物和物品征收的税。

自由贸易 ············· 10
免除进出口税或其他限制的国际贸易。

印度次大陆 ··········· 12
次大陆指大陆上一个面积很大、在地质或地理上具有显著独特性，或政治上具有某种程度独立性的区域。印度次大陆通常又称南亚，包括印度、孟加拉国、巴基斯坦、尼泊尔、斯里兰卡、不丹和马尔代夫。

壕沟战 ··············· 16
一种双方军队在战壕中面对面作战的作战方式。

来复枪 ··············· 16
一种膛内刻有膛线的步枪，这种枪的枪管内部刻有螺旋凹槽，使子弹旋转运动，射击得更直更远。

电磁波 ··············· 18
在空间传播的周期性变化的电磁场，无线电波、X射线和可见光等都是波长不同的电磁波。

自然选择 ············· 18
生物在自然条件的影响下发生变异，适于自然条件的生物可以生存、发展，不适于自然条件的生物被淘汰，这种适者生存的过程叫作自然选择。

专利 ················· 18
法律保障创造发明者在一定时期内由于发明而独自享有的利益，包括制造、使用和出售该发明的权利，属知识产权范畴。

留声机 ··············· 18
早期使用的一种圆筒的电唱机，能够记录和再现声音。

放射性……………19
某些元素（如镭、铀等）的不稳定原子核自发地放出射线而衰变的性质。

诺贝尔奖……………19
诺贝尔是瑞典科学家，他一生在化学和机械方面有过许多发明，取得了100多项发明专利。临终时，诺贝尔将自己的发明奖金和专利费200万英镑全部存入银行，并把每年的利息或投资收益作为奖金，分别奖给在物理、化学、生理学或医学、文学、和平五项事业上成就最突出的人，此为"诺贝尔奖"的来历。

霍乱……………20
一种急性肠道传染病，症状为腹泻，呕吐，四肢痉挛冰冷，休克。患者会因脱水而眼窝凹陷，手指、脚趾干瘪。

疫苗……………20
能使机体对某种疾病免疫的制剂，如狂犬病疫苗、牛痘苗等。

病毒……………20
比病菌更小的病原体，多用电子显微镜才能看见。没有细胞结构，但有遗传、变异等生命特征，一般能通过阻拦细菌的过滤器，所以也叫滤过性病毒。天花、麻疹、牛瘟等就是由不同的病毒引起的。

活塞发动机……………23
一种通过活塞的上下运动来传递动力的发动机。

电缆……………23
装有绝缘层和保护外皮的线缆，通常比较粗，由多股彼此绝缘的导线构成，多架在空中或埋设在地下、水底，用于电信或电力输送。

浪漫主义……………24
18世纪末、19世纪初兴起于欧洲的一种文艺思潮，与古典主义相比，浪漫主义强调天才、灵感和主体力量，代表作家有德国的歌德和席勒，法国的雨果，英国的雪莱和拜伦等。

印象派……………24
19世纪下半叶在法国兴起的一个画派，该派反对学院派的保守思想和表现手法，采取在户外阳光下直接描绘景物的创作手法，力图表现光色变化下景物的瞬间印象，代表人物有莫奈、毕沙罗等。

铸铁……………26
一种由铁和碳两种或两种以上元素构成的金属，通过浇铸制成铸件。

伦敦万国工业博览会………26
指英国于1851年在伦敦举办的第一届世界博览会，博览会场地设在著名的海德公园。会上分为设备机械、工业制品、艺术品和原材料四个主要类别，展示了来自世界各地的展品。